Le Nationalisme, voilà l'Ennemi !

Première lettre de Jacques Rural

Electeur dans une commune rurale, je viens m'entretenir des prochaines élections municipales avec vous, mes chers concitoyens, qui, comme moi, êtes appelés à l'honneur de faire connaître le sentiment des habitants des campagnes. A quels hommes devons-nous donner nos voix pour bien remplir notre mandat, voilà la question qui doit nous préoccuper. Il ne s'agit pas de voter comme notre voisin, sans réflexion, par entraînement, au petit bonheur; il ne faut pas davantage nous laisser gagner par les belles paroles que les candidats débitent à profusion, il faut nous rendre compte de l'état présent du pays, descendre en nous-mêmes et faire ensuite ce que notre conscience nous aura dicté.

Le caractère particulier de l'époque que nous traversons c'est la confusion : on ne sait plus où l'on va; les partis politiques sont désorganisés et l'équivoque a beau jeu. Sur notre France, sur ce pays de droiture et de franchise, s'est précipitée une coalition de politiciens, de hâbleurs, de naïfs et de fous, dont les meneurs travaillent délibérément au renversement de la République, à la destruction de la liberté et au retour de l'ancien régime. Pour mieux abuser de la bonne foi du peuple ces hommes tentent d'accaparer notre cher drapeau tricolore; ils prétendent que la République, des entrailles de laquelle il est sorti comme un signe de régénération, l'a abandonné, qu'elle l'a laissé humilier et insulter, qu'eux, ils l'ont relevé et qu'il appartient à eux seuls désormais de le tenir et de le défendre. Le chef de l'Etat, le gouvernement, les représentants élus de la nation ont trahi la France; ils doivent disparaître et céder la place au parti nouveau, au leur qui revendique le monopole de l'amour de la patrie et se présente aux suffrages populaires sous le nom de nationalisme.

Etrange parti, où l'on trouve des représentants de toutes les opinions, très peu de républicains, mais surtout les champions les plus ardents de la monarchie et du cléricalisme qui, sous les plis du drapeau tricolore, dissimulent le drapeau blanc du roi ! Cohue d'ambitieux et d'audacieux sans vergogne, dont l'idéal immédiat et bas est d'assouvir leurs appétits sans souci des déchirements de la patrie; les pires des révolutionnaires et des anarchistes, car ils se donnent comme des conservateurs résolus, des partisans passionnés de l'ordre public qu'ils méditent de troubler pour arriver à leurs fins.

Les candidats qu'ils soutiennent ne sauraient être les nôtres ; nous devons les repousser, parce que nous sommes des patriotes, parce que nous sommes attachés à la République, parce que nous ne voulons ni de la guerre civile, ni de la guerre étrangère et que le nationalisme nous donnerait l'une et l'autre.

La guerre civile : Déroulède l'a déclaré devant la Haute Cour et il ne faudrait pas l'oublier; il a dit qu'en présence du refus de nos hommes d'Etat de se prêter à un étranglement de la République parlementaire, « il avait pensé à la guerre civile », la plus affreuse, la plus maudite des calamités qui puissent accabler un peuple. S'il avait réussi à Reuilly, le sang aurait coulé, ce jour-là, à Paris et ailleurs; s'il tente un nouveau coup demain, comme il s'en vante, la France n'échappera pas à une lutte fratricide. Et si la victoire lui reste, si la République libérale succombe, croyez-vous, mes chers concitoyens, que la paix nous sera enfin acquise? Ah! détrompez-vous : ce sera alors l'heure d'un abominable chaos, d'une agitation sans nom, profonde et générale, qui mettra en péril tous les intérêts, l'heure de décider à qui appartiendra le pouvoir suprême, à un Bonaparte, à un Bourbon ou à un des vainqueurs, et la question ne se résoudra pas toute seule. Je vous demande quel profit la France pourrait recueillir de ces bouleversements successifs et s'il n'est pas préférable de ne pas l'exposer à des éventualités aussi redoutables.

Retenez bien ceci, la guerre civile est étroitement liée au triomphe du nationalisme. Aussi logiquement, aussi inévitablement, la guerre étrangère en découlerait. Voit-on nos relations extérieures, dont l'entretien exige tant d'habileté, de tact et de patience, livrées aux caprices de

ÉLECTIONS MUNICIPALES GÉNÉRALES
DE MAI 1900

LE NATIONALISME

Jacques RURAL aux Habitants des Campagnes

« Il faut dire aux nationalistes que la première vertu française est la loyauté. Or, rien de plus équivoque ni de plus louche que leur entreprise, qui attire les mécontents et les aventuriers de tous les partis. L'hypocrisie n'a jamais fondé un gouvernement en France; le nationalisme ne détruira rien, car il ne saurait rien fonder. »

(Lettre de M. JONNART, député du Pas-de-Calais, ancien ministre, à Jacques RURAL.)

PRIX : 10 CENTIMES
(Franco : 15 cent.)

ARIS
AUX … YSAN DE FRANCE "
… ge Saulnier

Ces lettres ont paru dans le **Paysan de France** : à la veille des élections municipales générales et en présence de l'alliance indéniable du Nationalisme avec toutes les forces de la réaction monarchiste et cléricale, je les ai réunies en cette brochure et je les offre, comme publication de propagande dans les campagnes, aux comités républicains et à tous les libéraux sincères qui ne veulent ni de la Réaction, ni de la Révolution.

JACQUES RURAL

(C. PALLU DE LA BARRIÈRE)

Le prix de la brochure **Le Nationalisme** est de **0** fr. **10** centimes, **0** fr. **15** franco. Cent exemplaires : **10** francs ; **11** francs franco. Cinq cents exemplaires : **50** francs franco ; mille exemplaires : **90** francs franco.

poètes et d'emballés ; la paix ou la guerre dépendre de la décision d'un imaginatif comme Coppée, d'un idéologue comme Barrès, d'un brouillon comme Georges Berry, d'un naïf comme Quesnay de Beaurepaire, d'un Don Quichotte comme Déroulède? Mais si nous avions écouté ces messieurs et leurs amis, nous aurions eu la guerre dix fois depuis dix ans, et comme dix fois la guerre eût été faite sans motif et sans avoir épuisé tous les moyens honorables de maintenir la paix, il y a longtemps que notre alliée la Russie nous aurait tourné le dos et que nous serions devenus la risée du monde. Il faut être fou, en vérité, pour prendre au sérieux de tels charlatans, et je suis convaincu que les habiles de la coalition, dont la République subit aujourd'hui les assauts, n'ont pas plus de confiance en eux que nous-mêmes. Mais les nationalistes du genre de Déroulède sont des auxiliaires trop sérieux, de trop précieux instruments pour qu'ils les négligent.

Parmi ces habiles, il y a d'abord les politiciens qui espèrent, en les encourageant et en les ménageant, se servir d'eux pour renverser les hommes au pouvoir, se réservant ensuite de mettre à la raison ces alliés turbulents ; il y a ensuite les directeurs avoués de la bataille, qui comptent profiter du désordre général et des coups portés à la République pour faire revenir le roi. Le procès de la Haute Cour a mis à nu ces machinations ; les politiciens ont trop laissé voir leurs misérables calculs et les débats n'ont rien laissé ignorer des desseins royalistes. Les événements sont venus parfaire la conviction de ceux qui doutaient encore et établir sans contestation possible que le nationalisme n'est qu'une forme provisoire de l'opinion monarchiste et cléricale.

Partout la monarchie et le cléricalisme apparaissent sous l'étiquette nationaliste, le drapeau blanc derrière le drapeau tricolore.

Aucune hésitation n'est donc possible pour le choix de nos candidats. Pas de nationalistes, ce sont les vrais révolutionnaires du moment : pas davantage de politiciens suspects de faiblesse pour ces ennemis de la République et de l'ordre. Surtout ne nous laissons pas séduire par leurs spécieux arguments, ni tromper par leurs mensonges. J'assistais, il y a quelques jours, en curieux à une réunion nationaliste, tout près de Paris ; l'orateur était un des avocats qui ont plaidé devant la Haute Cour, un des plus médiocres, soit dit en passant. J'en ai entendu de fortes, je vous l'assure, si fortes que vers le milieu de la conférence, je suis parti. Je laisse de côté les insultes au président de la République, aux ministres, au Parlement, on finit par s'y habituer. Mais vraiment le conférencier a été plus cruel pour ses auditeurs que pour les représentants du pouvoir légal et il a poussé l'oubli du respect dû à d'honnêtes gens jusqu'à donner, comme une chose indéniable, comme un fait indiscuté, l'absurdité la plus grossière : il a osé dire qu'il existait en France un parti qui, avec l'appui du gouvernement, avait résolu de détruire la patrie et qu'à Paris, des bandes d'anarchistes circulaient impunément dans les rues aux cris de : A bas l'armée ! L'Assemblée a couvert ses paroles d'applaudissements frénétiques et d'à bas Loubet, très nourris. Si l'on peut, à vingt minutes de Paris, proférer, sans soulever de protestations, de telles inepties, d'aussi audacieuses faussetés, que ne dira-t-on pas dans nos campagnes ?

Il dépend de nous de montrer, par nos votes, que les paysans de France sont plus intelligents et moins crédules que ces demi-parisiens, qu'ils ne sont ni royalistes, ni cléricaux, qu'ils ne marcheront jamais derrière le drapeau blanc, que Déroulède n'est pas leur homme, que pour eux, le nationalisme c'est l'ennemi.

Et ce sera un beau jour pour le drapeau tricolore et pour la République française.

NATIONALISTES OU PATRIOTES

Deuxième lettre de Jacques Rural

Mon voisin Barbot, bourrelier de son état, sacristain de sa paroisse à ses moments perdus et membre de la Ligue de la Patrie française, m'a fait, je ne dirai pas une confidence, car son ton bref et cassant donnait à ses paroles la signification d'un mot d'ordre, mais une déclaration de principes vraiment stupéfiante. Barbot renie aujourd'hui ce titre de patriote qu'il revendiquait hier encore ; il s'étonne de l'avoir porté et de s'en être fait gloire. C'est démodé, c'est vieux jeu. Etre patriote, c'est bon pour les républicains comme moi ; il est nationaliste Mais je vais raconter la chose.

J'étais venu chez Barbot pour la réparation d'un licol ; je le trouvais distrait ou pensif : j'avais beau lui montrer le travail à faire, il m'écoutait à peine, visiblement son esprit était ailleurs. Et comme je le lui faisais remarquer, il se contenta de me montrer son journal l'*Echo de Paris* ouvert sur son établi et de mettre le doigt sur le premier article intitulé «Le Nationalisme» et signé : Jules Lemaître.

— C'est toute une révolution, ajouta-t-il.

— Mais, Barbot, lui répondis-je, je le sais comme vous. «Le nationalisme, voilà l'ennemi». La coalition nationaliste qui comprend les mécontentements de tous les partis, beaucoup d'emballés et pas mal de pêcheurs en eau trouble, nous mènerait tout droit à la guerre civile et à la guerre étrangère, Je vois que nous sommes d'accord et que l'*Echo de Paris*, qui jadis fut républicain, est revenu à des idées plus saines.

— Mais pas du tout, s'écria Barbot ; vous n'y êtes pas. C'est vous, les républicains, qui nous conduisez à la ruine, à la révolution sociale avec votre ministère socialiste, comme disent M. Méline et M. Coppée. Vous vous prétendez patriotes. Mais qu'est-ce que la patrie, — et il appuyait dédaigneusement sur le mot : Patrie — auprès de la nation ? Ecoutez plutôt ce qu'en pense Jules Lemaître.

Il prit son journal et il lut :

« Nationaliste est un vocable plus large, plus riche de signification historique et morale que « patriote ». La nation, c'est la patrie considérée politiquement, c'est la patrie organisée. »

— Et voilà comment, conclut mon bourrelier, nous sommes nous, plus que patriotes, nous sommes na-tio-na-lis-tes. Nous vous abandonnons la patrie, nous sommes pour la nation. »

— Et c'est M. Jules Lemaître, un académicien, un grand écrivain, dit-on, qui a trouvé cela, lui répondis-je ; c'est lui qui distingue entre la nation et la patrie et met celle-ci au-dessous de celle-là, sous prétexe que la nation c'est la patrie organisée. Comme si la patrie n'était pas l'ensemble de toutes les choses glorieuses d'une nation, de toutes ses traditions nobles, le riche patrimoine amassé par les siècles ! Comme si la patrie c'était simplement la terre du chaos, avant toute habitation, avant toute culture, au premier occupant ! Mais votre académicien déraisonne, mon pauvre Barbot, ou plutôt il subtilise et ergote et son beau raisonnement, tiré par les cheveux, équivaut à la négation même de la patrie, telle que nous la concevons, nous autres, simples patriotes, telle que la comprenaient nos ancêtres, telle que la comprennent nos fils en mourant pour le drapeau tricolore. Toutes ces arguties sont indignes d'un grand esprit et du bon sens français ; elles sont faites pour justifier une conspiration dont le plus clair résultat serait le retour à l'ancien régime et le bénéficiaire, le prétendant orléaniste. Si M. Jules Lemaître estime que le mot de patrie n'est pas assez large, assez riche, pourquoi n'intitule-t-il pas sa ligue « La Ligue de la nation française » ? Qu'il nous laisse la « Marseillaise » et le « Chant du Départ » où le mot de patrie est à chaque vers, nous lui abandonnons la « Carmagnole ». Mais, croyez-moi, Barbot, toutes ces distinctions alambiquées entre la nation et la patrie ne séduiront personne parmi les hommes de bon sens et on verra prochainement que toutes les communes de France ne sont pas dans la Loire-Inférieure.

Le bourrelier-sacristain ne me répondit rien. Silencieusement, il examina mon licol, tout en se disant intérieurement : « Demain, j'irai trouver M. le Curé et M. le Baron pour arranger avec eux les élections municipales. »

LA PERSÉCUTION

Troisième lettre de Jacques Rural

Quand je suis revenu chez Barbot prendre mon licol, j'ai trouvé mon homme en proie à la plus vive agitation.

— Eh bien ! c'est du propre, s'écria-t-il dès qu'il me vit, voici maintenant qu'après avoir traîné devant les tribunaux nos pauvres pères de la *Croix*, vos ministres de malheur s'en prennent aux chefs de la religion, aux évêques. Ah ! Rochefort et Cassagnac ont mille fois raison quand ils les traitent de lâches et de bandits !

Barbot écumait.

— Calmez-vous, lui dis-je, et raisonnons un peu. Je vous avoue que les pieux et notables commerçants dont le sort vient d'être réglé par la justice m'intéressent peu, et je ne vois pour ma part aucun mal à ce que les secrets de leur fructueuse industrie aient été étalés au grand jour. Et puis de quoi vous plaignez-vous? Vos amis n'annoncent-ils pas tapageusement que leur condamnation les a enrichis et honorés, que jamais le bon argent n'est tombé avec autant d'abondance dans le tronc de Saint Antoine et que tous les honnêtes gens de l'univers les en félicitent ? Ils reçoivent tant d'or qu'ils en ont trop et qu'ils se voient obligés de verser leur superflu dans certaines caisses épiscopales et les facteurs déposent rue François Ier tant de cartes et tant de lettres que les destinataires, absolument débordés, les confondent entre elles, prennent les anciennes pour les nouvelles et les communications les plus confidentielles pour des documents destinés à la publicité ! Quant aux évêques, je trouve que le gouvernement s'est montré plutôt miséricordieux : en somme, ces grands seigneurs de l'Eglise n'ont pas perdu un sou de leur traitement supprimé. Il n'y a qu'à laisser les choses en l'état, ce sera autant de gagné pour le budget et j'apprendrais même avec plaisir que l'excédent est appliqué à améliorer le sort de certains curés de campagne, qui ont tout juste leurs 900 francs et pas un radis comme casuel.

— Alors, interrompit Barbot, vous êtes avec les persécuteurs de la religion! Et vous trouvez que les choses sont bien ainsi! Que demain il plaise au gouvernement d'emprisonner les évêques et les prêtres, de les supprimer, de leur prendre la vie après la bourse, vous l'approuverez encore! Tenez, vous vous conduisez comme un apostat!

— Barbot, vous allez trop loin, répliquai-je; je ne suis pas plus apostat que juif ou franc-maçon : je suis tout simplement un bon Français qui a en horreur les violents et les agités, qui veut voir le gouvernement de son pays respecté à l'intérieur comme au dehors, qui aime l'ordre et demande que chacun reste à sa place. Quand vous parlez de persécution, quand vous annoncez pour un terme prochain la suppression du clergé et une nouvelle légion de martyrs, laissez-moi vous le dire, vous vous laissez emporter par la passion, vous outragez la vérité et la justice; grossièrement insulté, le gouvernement se défend, voilà tout, et sa défense est modérée. Sous la monarchie, sous l'empire, un évêque qui publiait un écrit pastoral dirigé contre le chef de l'Etat pouvait être puni de bannissement. La République trouve que le châtiment est trop dur; au bannissement elle propose de substituer l'emprisonnement après un jugement régulier. Voilà tout le crime de M. Waldeck-Rousseau. Seulement, comme les évêques et les prêtres sont de fameux casuistes, le président du conseil a prévu le cas où prenant la tangente pour éviter les sanctions prévues par la loi, ils changeraient le titre et la forme du document pouvant être criminé et tireraient à boulets rouges sur le gouvernement, en des lettres soi-disant privées mais en réalité écrites pour atteindre le même but. C'est le sens, c'est la portée du nouveau projet de loi. La crainte de la prison est le commencement de la sagesse.

Supposez que le préfet de notre département se mette en révolte contre le gouvernement et publie des écrits outrageants pour lui, croyez-vous que ce fonctionnaire resterait vingt-quatre heures à son poste? Télégraphiquement il serait révoqué et soyez sûr qu'il n'aurait pas à compter sur un traitement de disponibilité. Les évêques, eux, ont une situation privilégiée; l'Etat peut ne pas les payer, il ne peut leur enlever leur siège que de concert avec Rome. Mais en attendant que l'accord se fasse et que l'évêque soit déposé, le gouvernement peut-il rester désarmé et se laisser vilipender et braver impunément? La justice n'est-elle pas faite pour tout le monde et peut-il exister dans un pays civilisé des citoyens si haut placés qu'ils puissent se dire au-dessus des lois ?

Et si vous tenez compte du caractère spécial attaché aux fonctions épiscopales, de la mission supérieure attribuée au clergé, de ce fait qu'il commande aux consciences, vous conviendrez que les délits dont il se rend coupable réclament une répression plus sévère et que les peines de déclaration d'abus et de suppression de traitement, dont d'ailleurs il fait fi, sont insuffisantes.

Ne vous laissez pas égarer, Barbot, par les lamentations de ces prétendus martyrs, dont la croix est si légère et desquels on exige uniquement la soumission aux lois Qu'est-ce que quinze jours de prison pour châtier un évêque qui, devant le pays et devant l'étranger, abuse de son autorité et l'avilit jusqu'à traiter le chef du pouvoir de menteur et de voleur?

L'autre jour, Baudry, le boulanger que vous connaissez bien, comparaissait devant le tribunal correctionnel et était condamné à huit jours de prison. C'est un très honnête homme sans passé judiciaire, un père de famille estimé. Oui, mais il y a le gendarme. Or, trois semaines auparavant, un soir, Baudry rentrait chez lui en voiture : le malheureux avait oublié d'allumer sa lanterne. C'est une contravention. Survient la gendarmerie. Au lieu de reconnaître sa faute, Baudry perd la tête. Sommé de s'arrêter, il fouette *Bijou*. Le voilà en rébellion. Et bientôt il aggrave son cas : les gendarmes, qui ont de bons chevaux, le rejoignent et il ne peut retenir un mot outrageant. Dites-moi, Barbot, si, en conscience, vous ne trouvez pas que l'acte irréfléchi de Baudry, le boulanger, est infiniment moins coupable que l'acte prémédité, que les injures écrites, revues et corrigées de l'archevêque d'Aix, et que la peine de huit jours de prison, excessive pour le premier, serait dérisoire pour le second ?

Le bon sens aura le dessus

Quatrième lettre de Jacques Rural

Dimanche, le vent faisait rage et la pluie tombait par torrents ; au coin de l'âtre, j'attendais une éclaircie pour sortir, quand la porte s'ouvrit. C'était Coupé François, le marchand de bœufs, surnommé le poète.

— Ah ! quelle ondée ! mes amis, s'écria-t-il en s'engouffrant dans la salle. J'avais bien raison de le dire en partant à la mère Coupé : « Le temps est malade, nous aurons de l'orage. »

De la tête aux pieds, le malheureux ruisselait.

— Et ma poularde, ajouta-t-il, en ouvrant son panier, d'où l'eau sortait comme d'une gouttière, elle va être dans un joli état ! Une bête que j'avais engraissée pour notre conseiller général, un si brave homme, si serviable pour le pauvre monde !

Et il retira de la serviette qui l'enveloppait une magnifique volaille, pas trop endommagée, il le constata avec plaisir.

— Monsieur notre conseiller sera tout de même content, dit-il en tenant sa serviette étendue devant le feu ; ce sera une belle pièce pour sa table. Et il ne regrettera pas d'avoir fait exempter mon fils Athanase, qui, grâce à lui, continuera ses études et sera avocat quelque jour, peut-être même conseiller général, lui aussi, avec un peu de chance.

— Il faut avouer, répliquai-je, que notre conseiller doit avoir le bras long pour avoir pu faire exempter, comme impropre au service militaire, un gaillard de la force d'Athanase. Il est vrai, Coupé, qu'en votre qualité de président de la Société des bonnets à poil du canton, vous disposez de pas mal de voix aux élections et qu'en somme M. Sanvaleur vous doit sa place au conseil général.

— N'exagérons pas, dit Coupé. Athanase pâle de mine, mais il n'est pas fort ; il toussote le matin et il lui faut le lit. Figurez-vous qu'il ne peut aller à son étude de notaire que l'après-midi. Mais, par exemple, le soir, il pioche dur son droit, et, vous ne le croiriez pas, pendant que nous autres nous dormons à poings fermés, lui il veille, et ce n'est pas avant deux heures du matin qu'il se décide à se coucher. C'est un garçon délicat, mais qui a du courage. Il en a haut, chez lui, de notes de pharmacien, si haut que par économie il ne me les envoie pas par la poste à la fin du mois, quand il m'en demande le remboursement, avec sa petite pension de cent cinquante francs. Et il faut bien qu'il en consomme, de ces maudits remèdes, puisqu'il gagne encore soixante-dix francs par mois chez son notaire.

Je pensais à part moi : « Voilà un garçon qui se moque de son papa dans les grands prix. Sur les dix-huit conscrits de la commune, il était certainement le moins intéressant et il a fallu beaucoup de bonne volonté pour déclarer phtisique, ou menacé de phtisie, un gaillard qui, en fait d'études de nuit, mène à la ville une vie de polichinelle. Les voilà bien ces farouches patriotes — dont parlait l'autre jour M. le député Poincaré dans une lettre reproduite par mon journal, qui tout en affichant un culte tapageur pour l'armée et le drapeau, assiègent les membres du Parlement de demandes de dispenses, d'ajournement ou d'exemption du service militaire. »

Mais il faut que je vous fasse faire plus ample connaissance avec le père de notre étudiant. Comme le bourrelier Barbot, Coupé François est membre de la Ligue de la Patrie française, où il représente l'élément bonapartiste. On lui a donné le surnom de poète et voici pourquoi :

En 1851, son père, un brave homme sans instruction, mais qui avait fait une partie des campagnes de l'Empire et était décoré de la Légion d'honneur, s'avisa d'écrire au prince-président une épître en vers, qui fit à cette époque la joie du département et débutait ainsi :

> Salut à vous, ô mon empereur,
> Pour sûr, tous nos vœux sont pour vous.
> De la France venez faire le bonheur
> Comme un agneau parmi les loups !

D'emblée, Coupé fut sacré poète et son fils François hérita du sobriquet.

Pendant que nous causions, la tempête s'était calmée et le feu ardent avait séché la serviette.

— Voilà le soleil revenu, dit Coupé, et je vais en profiter pour continuer mon chemin.

Et prenant la serviette, il y enveloppa avec des précautions minutieuses, comme s'il s'était agi d'un enfant, la poularde du conseiller général. Quand, ce travail terminé, il se disposa à partir, je lui dis :

— Vous rappelez-vous, Coupé, qu'il y a juste un an, le 18 février, le temps était plus malade encore qu'aujourd'hui? Il y avait un furieux orage dans l'air et d'innombrables éclairs sillonnaient la nue : on semblait à la veille de quelque catastrophe.

Le « poète » s'arrêta et m'interrogea du regard, en homme qui, malgré ses efforts, ne se souvient de rien.

— Mais, Coupé, répliquai-je, je parle au figuré, entendez-le. Dites-moi, si l'année dernière à cette date, la France n'était pas profondément troublée et divisée, si tout le monde ne se demandait pas anxieusement de quoi serait fait le lendemain. L'avènement aux fonctions suprêmes d'un honnête homme, d'un fils de paysans, d'un citoyen sans peur et sans reproche, sembla même tout d'abord accroître nos discordes au lieu de les apaiser; pour faire disparaître cet homme qui, par sa droiture et sa loyauté, gênait leurs desseins, toutes les puissances de l'opposition et du désordre se coalisèrent sur-le-champ et gardèrent l'espoir du triomphe tant que la direction des affaires demeura confiée à des mains hésitantes. Mais quand, par un choix judicieux, l'harmonie revint entre les pouvoirs publics et qu'autour du nouveau président, se refit l'union de tous les vrais patriotes, ce jour-là l'ouragan fut maîtrisé, la paix, tant souhaitée, nous fut rendue; c'était, comme tout à l'heure, le soleil qui revenait. Maintenant que l'on ne parle plus de l'affaire d'où nos divisions étaient nées que pour profiter de ses enseignements, maintenant que le pouvoir civil a affirmé sa vitalité et sa résolution en frappant les factieux, qui donc pourrait troubler la France et arrêter sa marche, si ce ne sont les ambitieux et les brouillons, les hommes dont vous secondez l'action dissolvante, ici, dans ce canton, où jusqu'à la dernière élection la concorde régnait parmi les républicains, ces agitateurs qui, appartenant à tous les partis, se disent nationalistes pour mieux tromper le peuple par l'apparence d'un patriotisme farouche? Avec Barbot, le clérical, le maître Jules, le fermier de la Roseraie, qui s'affirme quand même républicain, vous l'impérialiste, le victorien, vous faites de la jolie besogne, bien vaine assurément, car le peuple finira par voir clair dans votre jeu, mais, je vous le déclare nettement, indigne de bons Français, puisque vous et vos chefs ne pourriez arriver à vos fins qu'en livrant votre pays à de nouveaux déchirements.

J'étais sans illusion sur le succès de ma tirade et de mon rapprochement entre la nature et le pays secoués par l'orage; aussi ne fus-je pas étonné de cette stupide déclaration de principes que me fit François Coupé en me quittant :

— C'est égal, votre M. Loubet peut être un très honnête homme, mais le prince Victor est un « rude lapin » et surtout le neveu du grand Napoléon. Voilà pourquoi je suis, comme Déroulède, Habert et Barillier, pour la république plébiscitaire.

En le voyant s'éloigner avec la poularde de Sauvaleur, je me disais : « S'ils sont tous de cette force dans la Ligue de la Patrie française, il ne faut désespérer de rien. Un jour ou l'autre, le bon sens aura le dessus et triomphera de la sottise, ou alors la France ne serait plus la France. Mais la France est toujours la France.

RÉPUBLIQUE-BOUILLABAISSE

Cinquième lettre de Jacques Rural

La cloche venait d'annoncer la fin du marché, la foule évacuait le champ de foire lentement et bruyamment et déjà les chars s'alignaient dans la grande cour du « Soleil d'or »; c'était le coup de feu pour les garçons d'écurie impuissants à servir les clients malgré un empressement tout intéressé. En attendant que ma bête fut attelée, je pénétrai dans la salle de l'auberge. Au lieu des conversations confuses qu'on y entend ordinairement ces jours-là, de ces appels amicaux mais retentissants d'une table à l'autre entre gens qui ne se voient qu'en ces occasions, de ces renseignements échangés à haute voix sur les opérations commerciales réalisées, le silence y régnait; un seul homme parlait, les vingt autres l'écoutaient religieusement; je reconnus dans l'orateur le maître Jules, le fermier de la Roseraie. Tout près de lui, était assis Coupé François, dit le poète, président de la Société des bonnets à poil, et Barbot, le bourrelier sacristain. Je pris une chaise et je prêtai l'oreille.

— Mes amis, disait le maître Jules, l'heure est venue d'en finir avec la contrefaçon de République qui humilie la France, de chasser les politiciens qui abaissent la patrie devant l'étranger et se prosternent à plat ventre devant le veau d'or. Il faut secouer ce joug honteux, rendre la France aux Français, la République aux vrais républicains, constituer enfin le gouvernement national, cette République française dont nous n'avons eu que l'étiquette depuis trente ans. Des hommes, ah ! je donne à ce mot son sens véritable, des hommes, c'est-à-dire des esprits éclairés et des cœurs forts et purs, comme François Coppée, Jules Lemaître, Drumont, Quesnay de Beaurepaire, Arthur Meyer, Déroulède et Guérin, lui aussi, le martyr, ont juré de sauver l'honneur du peuple, de nous arracher à ce cauchemar, à cette ignominie. Ah ! les braves gens ! Et croyez-le, la politique n'a rien à faire ici ; nous sommes Français et cela suffit. Le cléricalisme de Coppée, l'antisémitisme de Drumont, le césarisme de Déroulède, l'orléanisme d'Arthur Meyer, m'importent peu. Ce sont de bons citoyens qui par patriotisme ont fait taire leurs préférences et se sont enrôlés sous la bannière du nationalisme républicain.

« Oui, républicain, quoi qu'on dise. Et mes amis Barbot et Coupé ne me contrediront pas. »

Ainsi interpellés, les deux acolytes du fermier de la Roseraie inclinèrent la tête en signe d'assentiment, tout en faisant l'un et l'autre une restriction ou plutôt une addition mentale. « Républicain, avec le prince Victor », pensait Coupé ; « à la mode de Mgr Gouthe-Soulard », se disait Barbot.

Le maître Jules continua ainsi :

— Entendons-nous bien : au fond, la République n'est qu'un mot qui signifie tout ce qu'on veut. Les tristes sires qui nous gouvernent depuis la guerre se disent républicains. Le sont-ils ? Je prétends que non. Et pour vous dire toute ma pensée, je ne crois au républicanisme d'aucun. Tout au plus ferais-je une exception pour Méline. Cavaignac lui-même m'est suspect. Les républicains, les vrais, ont été jusqu'ici humiliés et asservis ; on ne les a pas vus à l'œuvre ; leur tour va venir, si vous le voulez, si dans deux mois vous savez vous entendre pour donner un congé définitif à la secte qui nous tyrannise, à quiconque met le pouvoir civil au-dessus du pouvoir militaire et du clergé, à tous les prétendus libéraux ; si vous n'élisez que des conseillers municipaux nationalistes décidés à faire respecter le drapeau par les sans-patrie.

« Oui, unissons-nous entre honnêtes gens pour la République, pour la France. Vive l'armée ! »

— Bravo, s'écrièrent en chœur Barbot, Coupé et cinq ou six cultivateurs de l'assistance, le maître Jules parle comme un académicien.

J'étais parmi les silencieux, tout en me faisant violence pour me taire, lorsque Coupé qui venait de m'apercevoir m'interpella.

— Eh bien, le maître de l'Argentaye, me dit-il, reconnaissez-vous cette fois que le nationalisme a du bon et qu'on le calomnie quand on prétend qu'il est une machine de guerre contre la République ? Seulement il y a République et République.

« — Puisque vous me forcez à intervenir, répondis-je, je parlerai, mais simplement pour vous dire que je ne connais qu'une République, celle qui suit les traditions de la première, de la grande, de l'immortelle ; celle dont les principes et le but sont en contradiction formelle et irréductible avec l'ancien régime : la République des droits de l'homme et du citoyen, le gouvernement du peuple par le peuple, essentiellement et indéfiniment perfectible, puisant dans le sein de la nation dont il est l'émanation et avec laquelle il se confond, une vitalité toujours nouvelle et le secret de tous les progrès, rejetant comme un poison mortel l'esprit césarien et clérical, tout ce qui ressemble à une main mise sur les droits du peuple.

« Est-ce cette République que vous vous proposez de donner au pays, vous et vos amis, maître de la Roseraie ? Oserez-vous le soutenir ? Mais regardez donc autour de vous et jugez vous-même le républicanisme de vos alliés. Ici comme ailleurs, les républicains de la veille se détournent de vous et c'est avec les cléricaux notoires, les bonapartistes impénitents, avec les partisans des coups d'état, avec les adversaires jurés de la République que vous voulez faire la République. Et vous voudriez que nous fussions des vôtres ! Certes, nous aussi, nous voulons l'union de tous les Français, mais nous ne chercherons jamais à l'obtenir par l'abdication de nos convictions, par le renoncement à nos doctrines les plus chères, disons le mot, par la trahison.

« Il faut, d'après vous, livrer la République aux cléricaux et aux césariens pour échapper à la domination des juifs, des protestants et des francs-maçons. Quelle sottise ! Et vous répétez sans vous lasser cette chose absurde dans un département où il n'y a pas un juif, où sur cinq cent mille habitants il y a peut-être mille protestants et deux cents francs-maçons ! Vous ajoutez qu'il faut, même au prix d'une révolution, renverser la République existante, parce que, nous autres républicains, nous laissons insulter l'armée. Le pensez-vous sincèrement ? Ah ! j'en appelle à tous ceux qui m'entendent et je leur demande si une telle accusation n'est pas le plus odieux des mensonges. L'armée, mais c'est la chair de notre chair, mais ce sont nos enfants, notre orgueil et notre espoir ! Mais c'est nous-mêmes, puisque nous lui appartenons jusqu'au soir de la vie ! Mais c'est sur elle, sur sa vaillance, son abnégation et sa fidélité, sur ses chefs comme sur ses petits soldats que la nation compte et se repose ! Et nous n'aurions pour cette armée que du mépris et des injures ! Sommes-nous les derniers, quand un régiment traverse notre pays, à l'acclamer ! Quand il disparaît ne semble-t-il pas qu'il emporte quelque chose de nous avec le drapeau et que son rapide passage était comme une apparition de la Patrie ? Ah ! mes amis, ne mêlons pas l'armée à nos discordes et à nos haines, laissons-la à sa rude besogne, à son silencieux travail, à l'accomplissement de sa mission sublime. Et c'est parce que vous, les nationalistes, vous faites tous vos efforts pour la détourner de son rôle, c'est parce que vous tentez de vous servir d'elle comme d'un instrument pour les besoins de votre politique, que nous croirions commettre un crime contre la France en vous suivant.

« Maître de la Roseraie, vous étiez ici un des premiers parmi les hommes qui exercent la noble profession d'agriculteur, le conseiller écouté de tous, jusqu'au jour où vous vous êtes jeté dans la politique à corps perdu. Croyez-moi, revenez à la terre, et tournez le dos aux politiciens, aux charlatans qui rêvent de faire une République sans républicains.

« Et ne vous étonnez pas de rencontrer autour de vous tant de concours empressés ! Ceux qui vous encouragent, vous soutiennent, vous flattent et vous poussent, savent bien où ils vous mènent ; ils savent que l'entreprise à laquelle vous vous prêtez, emporté sans doute par une généreuse illusion, ne vise ni le relèvement, ni la transformation de la République, que son but unique est de la tuer. »

J'ignore ce que le grand conseil de la Patrie française a pensé de ma réponse, car à ce moment, un garçon d'écurie vint nous prévenir que nos chevaux s'impatientaient. Comme nous sortions de la salle, quelques amis et moi, après un rapide : « Au revoir, la compagnie », nous nous croisâmes avec M. Olive, un voyageur en huiles de Marseille, bien connu dans le pays.

— Bien parlé, me dit-il, vous avez mille fois raison, maître de l'Argentaye, de leur servir leur quatre vérités à ces gens-là qui veulent faire de la République une mauvaise « bouillabaise ».

NOTRE CURÉ

Sixième lettre de Jacques Rural

Notre curé s'agite beaucoup en ce moment : il va chez l'un et chez l'autre sous le moindre prétexte, pour faire son devoir de pasteur, dit-il, pour mieux connaître ses paroissiens. Seulement les malins remarquent qu'il a choisi pour faire sa tournée une époque où tout le monde se préoccupe dans nos communes des élections de mai et que ses visites multipliées coïncident avec un redoublement d'activité de la part de nos connaissances de la Patrie française. A quoi M. le curé répond que ses intentions sont pures, que nous sommes en Carême, et que si parfois il effleure dans la conversation les questions politiques, ce n'est pas comme prêtre, c'est comme citoyen usant de son droit.

Je pense, pour ma part, que sa distinction est subtile, qu'il ferait beaucoup mieux de se tenir en dehors de nos discussions et de nos controverses, d'autant plus « qu'effleurer » est dans sa bouche un euphémisme, qu'il va au fond des choses et que sa passion est manifeste.

Je l'ai rencontré l'autre jour chez un fermier de mes amis et je vous jure que le débat fût plutôt vif.

— Il faut être aveugle volontaire pour ne pas voir que tout va de mal en pis, depuis quelque temps, disait le curé. Si ça continue ce sera la faillite de la France. La vie est de plus en plus chère, tout est hors de prix ; les ouvriers deviennent d'une exigence intolérable et veulent être les maîtres. De toutes parts on n'entend parler que de grèves et de menaces de chômage. La liberté religieuse n'est plus qu'un mot, et s'il l'osait le gouvernement ferait fermer les églises. Et pendant ce temps, la licence se donne libre carrière ; même dans nos campagnes, la morale est tournée en ridicule et la débauche s'affiche audacieusement! Ah. je vous le dis, mes amis, si nous ne mettons pas ordre à tout cela, si nous ne plaçons pas au plutôt à la tête de nos affaires d'autres hommes, je ne dis pas des catholiques mais d'honnêtes gens, craignons les mauvais jours.

Comme, abasourdi par ce torrent de paroles, mon ami ne répondait pas, je crus bon d'intervenir.

— En vérité, Monsieur le curé, dis-je avec quelque véhémence, est-ce aujourd'hui seulement que vous vous apercevez des vices et des imperfections de notre humanité ? Depuis que le monde est monde, il en est ainsi : il en sera toujours ainsi. Et vous même n'enseignez-vous pas que la chair est faible, que l'esprit du mal nous guette sans cesse et que les siècles n'ont affaibli ni sa vigilance ni ses séductions. Combattez énergiquement la licence et la débauche, vous avez raison et nous les combattons avec vous, mais ne venez pas nous dire qu'elles disparaîtraient comme par enchantement si nous changions de gouvernement. Vous trouvez que la vie est dure, ce qui a toujours été et ce que l'Evangile nous apprend être une nécessité inéluctable. Reste à savoir si la vie est plus dure maintenant qu'il y a vingt ans et si elle le serait moins avec les honnêtes gens dont vous parlez et que nous connaissons bien, qu'avec nos gouvernants actuels. Vous vous plaignez des exigences des ouvriers et des grèves : mais ces exigences sont parfois fondées, vous devez le reconnaître, vous qui par profession avez le devoir de prendre le parti des petits et des faibles. Et quant aux grèves, il en est de légitimes. pour les autres il faudrait voir comment elles naissent, qui les provoque et qui les entretient.

Ce qui me surprend le plus dans vos paroles, Monsieur le curé, c'est qu'un homme intelligent et instruit comme vous puisse dire que la liberté religieuse n'est plus qu'un mot. Et qui donc vous gêne dans l'exercice de votre ministère ? Mais votre indépendance à l'égard du pouvoir civil est absolue : vous êtes plus maître dans votre église que l'instituteur dans son école. que le maire dans sa commune. Vous baptisez, vous célébrez les offices, vous administrez les sacrements sans qu'aucun laïque s'avise de mettre le nez dans vos affaires. Vous autres, prêtres, entre tous les fonctionnaires de l'Etat, vous êtes des prévilégiés : quelle que soit votre gestion, vous continuez à recevoir chaque trimestre et à vie cette rétribution pécuniaire que nous appelons un traitement ou un salaire, que vous prétendez, vous, être une indemnité, mais qui, en tout cas, vous est régulièrement servie. Pour qu'elle vous soit retirée, il faut des faits d'une gravité telle que c'est à peine si, chaque année, vingt d'entre vous sur quarante mille en sont privés. Sur quoi pouvez-vous donc baser votre opposition au gouvernement républicain ?

— Je vous arrête, interrompit le curé, vous vous trompez ; nous ne faisons pas d'opposition à la République : fidèles aux prescriptions du Saint-Père, nous respectons le pouvoir établi, nous nous bornons à combattre les hommes qui l'exercent indignement et les mauvaises lois.

— Si je saisis bien votre pensée, répliquai-je, vous êtes, à ce compte, d'aussi sincères républicains que nous serions d'authentiques monarchistes, si nous acceptions la monarchie sans le roi ou l'empereur. Autrement dit : Vive la République, mais à bas les républicains ; Vive la monarchie, mais à bas le monarque. Avouez que la tactique se prête aux accommodements avec la conscience et qu'elle manque de franchise.

— Pas du tout, reprit le curé, nous ne sommes pas aussi exclusifs que vous le pensez. Si nous repoussons de notre République les révolutionnaires impénitents, si nous avons horreur des francs-maçons, nous n'hésitons pas à leur tendre la main bien large quand ils effacent la tare qui nous les rendait suspects par un ardent nationalisme. Et les preuves de notre tolérance abondent. Ne marchons-nous pas d'accord avec M. Henri Rochefort, un athée, un socialiste, avec M. Lepelletier, un franc-maçon repentant ? Et dans cette paroisse même, ne fais-je pas tous les efforts possibles, et même de grands sacrifices, pour réaliser l'union de tous pour la patrie ?

— Mais alors, dis-je, pourquoi, monsieur le curé, nous reprochez-vous, à nous républicains, d'accepter le concours de tous les républicains, même des plus avancés, sur le terrain limité de la défense de la République, sans renoncer pour cela à une seule de nos idées, à un seul article de notre programme ? Votre prétendue réconciliation de tous les citoyens à l'ombre du drapeau tricolore, sous l'égide de la patrie, n'est qu'un piège où peuvent tomber les naïfs, mais qu'évitent les clairvoyants. Et sans aller chercher des exemples ailleurs, je me contente d'examiner ce que vous voulez faire dans cette commune. Tout le monde sait votre préférence pour la liste bigarrée que proposera aux électeurs municipaux le petit comité de la Patrie française. Eh bien ! cette liste est-elle une liste d'union, est-elle une liste de républicains ou d'adversaires de la République ? J'y vois figurer des noms tout à fait significatifs à ce point de vue. A côté du maître Jules, de la Roseraie, républicain bonhomme, de Barbot, votre sacristain, de François Coupé, le bonapartiste, et de cinq indécis à la merci des autres, se trouvent, et non au dernier rang dans votre pensée, l'un d'eux du moins, deux hommes dont la couleur politique est bien tranchée, M. le baron et l'entrepreneur Pierremol. Vous connaissez aussi bien que moi les opinions de M. le baron ; il n'a jamais pris la peine de les dissimuler ; né royaliste, il mourra royaliste, il le déclare, mais il ajoute qu'il consent, par patriotisme, à renoncer provisoirement à ses espérances pour prendre sa part dans l'œuvre d'apaisement à laquelle travaillent tous les bons citoyens. Personne ici ne peut croire à sa sincérité, et c'est cependant l'homme que vous rêvez de voir à la tête de la commune. Quant à Pierremol, vous l'aviez, il y a deux ans encore, en exécration ; un misérable sans conscience, disiez-vous, que la République n'aurait jamais dû amnistier et qui cracherait sur le bon Dieu, s'il le pouvait. C'était votre sentiment, alors, et vous l'exprimiez en ces termes énergiques. Vous oubliez tout cela maintenant : Pierremol est votre allié, parce qu'après avoir toute sa vie traîné dans la boue l'armée, la justice et l'autorité sous toutes ses formes, il affecte, dans sa vieillesse, de faire à la première et au drapeau dont elle a la garde l'humiliant honneur de ses acclamations. Voilà comment les nationalistes entendent, comment vous entendez vous-mêmes, l'union patriotique des républicains ; voilà à quelles mains vous voudriez confier la direction de nos communes et le gouvernement de la France. Et vous prétendez servir la République et la patrie ! Mieux vaudrait à coup sûr rappeler dès aujourd'hui, sans tant de formalités hypocrites, le roi ou l'empereur.

Et comme le prêtre se levait pour prendre congé et se rendre auprès d'un malade :

— Sans rancune, lui dis-je, ne vous offensez pas de ma franchise un peu brutale, mon âge l'autorise. Visitez les malades, monsieur le curé, consolez ceux qui souffrent, faites de la charité, beaucoup de charité, et pas du tout de politique. Personne ne s'en plaindra.

CES PATRIOTES !

Septième lettre de Jacques Rural

Devant la mairie, le maître Jules, Coupé François et le sacristain Barbot, s'entretenaient avec animation, un groupe de paysans les entourait ; j'en étais.

— Ce ministère de trahison nous fera boire la honte jusqu'à la lie, disait Barbot ; en vérité on n'a jamais vu pareille lâcheté. Ah ! si nous étions les maîtres, les choses iraient bien autrement et l'Angleterre trouverait à qui parler. M. le curé me le disait encore ce matin : « Ce Delcassé n'a pas de sang dans les veines ou c'est le dernier des traîtres ».

François Coupé tressaillit, son visage rasé de comédien, jaunâtre et parcheminé, s'anima :

— Ah ! s'écria-t-il, si l'héritier de l'Empereur était là !

— Ou l'arrière-petit-fils de Louis-Philippe, ajouta le maître Jules.

Les malheureux oubliaient Sedan, l'affaire Pritchard, dont les vieux se souviennent et la politique étrangère de la monarchie d'Orléans et de l'Empire qui fut toujours, on le sait, ultra pacifique à l'égard de l'Angleterre.

Voilà bien la logique de nos nationalistes et leur bonne foi !

— Si Déroulède avait réussi le 22 février, si les troupes l'avaient suivi, reprit Barbot, nous aurions aujourd'hui un gouvernement propre et fort, qui n'aurait pas eu peur des Anglais et aurait su les faire marcher droit ; ou bien, ma foi, nous aurions cassé les vitres et nos petits soldats auraient fait connaissance avec le sol britannique. Tous les vrais patriotes se seraient donné la main et qui donc aurait pu tenir tête, en Europe, à l'union nationale de tous les Français ?

— Pour un sacristain, interrompis-je, vous êtes trop

belliqueux, Barbot, car c'est bien la guerre que vous cherchez. Et je m'étonne que celui des sentiments duquel vous êtes ici l'écho, se montre si exalté et si imprudent. Il faut croire qu'un conflit sanglant avec une puissance étrangère ferait bien les affaires de votre parti, pour que vous y poussiez avec tant d'ardeur.

Certes, quand la guerre s'impose à l'honneur d'un pays, il n'y a pas à reculer; il faut l'accepter comme un devoir et tout sacrifier au drapeau. C'est l'exemple que nous ont donné ces vaillants Boers, auxquels vous faisiez allusion tout à l'heure. Ont-ils provoqué leur puissant ennemi? Ne lui ont-ils pas fait, avant de prendre les armes, toutes les concessions compatibles avec leur droit et leur fierté? Et n'est-ce pas cette noble attitude qui leur a valu les sympathies du monde, quand la lutte s'est engagée, aussi bien que la justice de leur cause?

Après d'héroïques combats et d'éclatantes victoires, après avoir infligé à l'Angleterre d'humiliants échecs et des pertes énormes, les Boers succombent sous le nombre. Et vous dites que le devoir de la France est maintenant d'intervenir en leur faveur par tous les moyens, même par la force, même au prix d'une guerre, ou bien vos propos violents ne sont que de puériles bravades En tout cas, il faut s'entendre et nous faire savoir où vous voulez en venir; on ne badine pas avec ces choses-là, messieurs de la Ligue de la Patrie française, avec la paix [illegible] nos foyers et le sang de nos enfants.

Que dans cet inégal conflit notre gouvernement fasse entendre des paroles de paix, qu'il prête ses bons offices au courageux petit peuple qui, là-bas, défend son indépendance, nous sommes d'accord avec vous. Avouez cependant que vous avez rendu son rôle singulièrement difficile par vos excitations, dont on pourrait être tenté de le déclarer responsable. Mauvais intermédiaire pour réconcilier des ennemis et arrêter l'effusion du sang, celui que l'on peut soupçonner d'avoir pris fait et cause pour l'un des deux partis en presence! Mais il est trop manifeste qu'une démarche amicale et pacifique ne vous suffirait pas; c'est la menace à la bouche que, d'après vous, la France doit parler à l'Angleterre, et comme vous savez qu'elle ne serait pas écoutée et que dans ces conditions pas une puissance ne la suivrait, j'en conclus que c'est bien à la guerre, je le répète, que vous nous conduiriez, à une guerre dont certes les Boers ne recueilleraient aucun avantage, qui serait désastreuse pour la patrie française isolée, mais dont vous entrevoyez peut-être certaines conséquences, comme une révolution en France, le renversement de la République et le retour possible de la monarchie, dans les fourgons de l'étranger. De sorte que vous, les nationalistes, patriotes patentés, vous n'hésiteriez pas, après avoir cherché à allumer dans notre pays la guerre civile, à exposer son drapeau aux hasards d'une lutte dont vous semblez escompter les ruines au profit de vos vues politiques!

Et nous sommes d'autant plus portés à le croire que vos provocations redoublent à la veille de l'Exposition universelle, que c'est au moment où tous les peuples du monde vont accepter l'hospitalité de la France et prendre part aux fêtes du travail et de la paix, que vous sonnez l'appel aux armes.

Comme je terminais, le garde-champêtre de la commune, Christman, demanda la parole. C'est un vrai brave et un ardent patriote, Christman. Il porte sur la poitrine l'étoile de l'honneur qu'il n'a pas achetée trop cher, et il s'en vante, au prix de trois blessures, sur le champ de bataille de Saint-Privat. Alsacien, il a abandonné la chaumière et le champ de ses pères pour ne pas perdre de vue le drapeau tricolore; ses cinq fils ont porté ou portent encore l'uniforme français.

— Maître de l'Argentaye, dit-il, je suis de votre avis; le patriotisme est une vertu dont l'esprit de sacrifice est la condition essentielle, tandis que les cris dans la rue et les articles ronflants des journaux coûtent peu, quelques efforts de poitrine et de plume, tout au plus. Nous le savons bien, nous qui, blessés au cœur, il y a trente ans, d'une blessure qu'une autre main que celle de l'Angleterre a ouverte, et restée, malgré le temps, toujours aussi profonde, toujours aussi douloureuse, attendons patiemment l'heure de la France, sans désespérer jamais d'elle, et qui croirions commettre un crime égal contre la patrie, soit en accusant son gouvernement de pactiser avec l'étranger, soit en le poussant à déchaîner une guerre qui ne serait pas celle de la revanche attendue.

Monsieur le Baron

Huitième lettre de Jacques Rural

M. le baron a réuni, le lundi 20 mars, en son château, la fine-fleur de la Ligue de la Patrie française et une centaine d'électeurs de la commune triés sur le volet. L'un de ces derniers, invité par erreur, y assistait, un peu comme le loup dans la bergerie : c'est Francœur, le boulanger. Si la politesse lui a interdit d'interrompre M. le baron dans sa dissertation politique, sa mémoire a tout retenu.

— Les républicains du gouvernement et des Chambres, a déclaré le châtelain après quelques paroles banales de bienvenue, sont entrés dans une voie mauvaise où il ne faut pas les laisser entraîner le pays. Leur politique est à tous les points de vue néfaste ; comme le disait hier encore à la tribune l'éminent comte Lanjuinais, « c'est une politique de haine et de division à l'intérieur, une politique extérieure dont il vaut mieux ne pas parler, une politique financière qui nous conduit à grands pas à la banqueroute, c'est-à-dire à la ruine universelle ». M. le baron a longuement développé ce thème de sa voix nasillarde et avec une monotonie fatigante, car il est loin d'être orateur, mais en terminant il s'est enflammé : « Il ne s'agit plus aujourd'hui, s'est-il écrié, de l'intérêt mesquin des partis, la France avant tout. Ah ! c'est de bon cœur que nous, monarchistes par traditions, nous consentons à sacrifier nos croyances par dévouement à la patrie. Et puisque la République est le gouvernement légal du pays, je n'hésite pas à crier avec vous de toutes mes forces : « Vive la République ! »

Cette profession de foi d'un homme connu jusqu'à ce jour pour le plus enragé des royalistes, fit une impression profonde sur l'auditoire, au moins en apparence ; le maître

Jules, François Coupé et Barbot, les larmes dans les yeux, timidement, avec le respect dû à la noblesse, s'approchèrent de lui et le félicitèrent. M. le baron daigna leur serrer la main. « Je ne mérite pas vos éloges, dit-il modestement, je fais tout simplement mon devoir de citoyen français; je suis heureux de voir que vous me comprenez et je suis certain que vous tous, mes amis, — je vous demande la permission de vous appeler ainsi, — vous unirez vos efforts aux miens pour l'œuvre d'assainissement qui s'impose. »

Là-dessus, le maître d'hôtel de M. le baron, en habit noir et cravate blanche et quatre domestiques en livrée, entrèrent dans le salon et offrirent des rafraîchissements.

C'est en ces termes que Francœur me rendit compte de la réception électorale de M. le baron. Il ajouta :

— Autrefois, le parc du château était ouvert aux habitants de la commune deux ou trois fois dans l'année, mais depuis 1877 le baron boudait la République et les portes étaient demeurées closes. Maintenant c'est dans ses salons, c'est dans son intimité que le châtelain reçoit les paysans. Faut-il tout de même qu'il ait besoin d'eux ! Eh bien ! je pense, moi, qu'il en sera pour ses frais, que toutes ses démonstrations de républicanisme seront estimées pour ce qu'elles valent et qu'il aura, aux prochaines élections, tout juste les voix de ses convives, moins la mienne. M. le baron se trompe d'époque ; je ne veux pas croire qu'il existe en France des régions où le droit du seigneur soit traité autrement que par le dédain ou le ridicule ; en tout cas, ce n'est pas chez nous.

— Vous avez raison, Francœur, lui dis-je ; notre population a trop de bon sens pour croire à la conversion du baron. Il convient toutefois, ne serait-ce que pour rendre hommage à la vérité, de ne pas laisser sans réponse ses audacieux propos. Il faut lui demander tout d'abord pourquoi il se rallie bruyamment à la République, le jour où, d'après lui, celle-ci fait fausse route et perd le pays. Avant l'arrivée au pouvoir des hommes qui nous gouvernent aujourd'hui, il avait cette République en horreur et il l'appelait « la gueuse ». Maintenant il la salue, il l'encense, il l'aime, il demande à se sacrifier pour elle ; elle va périr, assure-t-il, et ce bon serviteur du roi veut la sauver à tout prix. Tout le monde estimera que ce zèle est suspect et que si un monarchiste aussi avéré est subitement devenu républicain, c'est que l'occasion lui a paru bonne pour porter un mauvais coup à la République. De bonne foi, peut-on croire davantage à la franchise d'un royaliste déclarant que, mise en danger par les républicains, la République doit demander à ses ennemis jurés la vie et l'honneur, qu'à notre propre sincérité si nous, vieux républicains, nous nous rallions sans crier gare au duc d'Orléans !

Voici ce que je demanderai au baron à la première réunion électorale publique, s'il ose y venir. Et je le mettrai en demeure aussi de justifier ses accusations ; je lui dirai :

« La République, prétendez-vous, est devenu un gouvernement de divisions et de haine ; sa politique extérieure est sans dignité ; son administration financière nous mène à la banqueroute. Autant de calomnies que de mots. Ou alors prouvez que vous dites vrai.

« Les divisions que vous lui reprochez d'avoir créées, mais c'est vous qui les avez fait naître ! Qui donc a prêché la haine sauvage entre les citoyens, entretenu l'agitation dans la rue et exposé la France aux horreurs de la guerre civile, si ce ne sont vos alliés de l'antisémitisme et de la Ligue des Patriotes, si ce n'est votre complicité ? A peine le pays a-t-il retrouvé le calme, grâce à l'énergie d'un pouvoir qui a osé vous regarder en face et sévir, que vous tentez de le troubler de nouveau en reformant la coalition un instant déconcertée. Et pendant que, sous couleur de patriotisme, vous vous livrez à cette besogne révolutionnaire, que fait ce gouvernement de division et de haine, comme vous le qualifiez ? Sans doute il songe à se défendre contre vous qui ne désarmez pas ; et il prépare des lois de protection du pouvoir civil, que le Parlement discutera en toute liberté. Mais en même temps il renouvelle chaque jour ses appels à la concorde ; bien plus, et contre le sentiment de beaucoup de ses amis, il réclame l'amnistie pour l'homme dont vous avez fait votre porte-drapeau, et les adversaires les plus résolus de cet homme acceptent tout au moins un armistice. Dimanche, le chef du gouvernement, M. Waldeck-Rousseau, parlait aux représentants de la presse de toute opinion ; son langage a-t-il été celui d'un sectaire ou d'un libéral ? Et l'autre jour, sur les chantiers de l'Exposition, le ministre du commerce, M. Millerand, n'a-t-il pas exprimé le souhait de voir à la veille de cette grande fête du travail, toutes nos divisions disparaître? Le Sénat, que vous vous obstinez à représenter, contre toute vérité, comme une assemblée d'inquisiteurs farouches, ne perd pas une occasion de faire connaître ses sentiments pacifiques : son président les a nettement exprimés à la rentrée, et cette semaine, le président de l'Union républicaine justifiait le titre de ce groupe en invitant tous les bons citoyens à s'unir, non pas seulement pour défendre la République, mais encore pour la rendre plus parfaite et plus féconde. Le président de la Chambre ne tient pas un langage différent ; et au-dessus de tous les pouvoirs du pays, personnifiant la France et la République, n'entendez-vous pas le chef de l'Etat proclamer en toute occasion la nécessité de la concorde civique et de la paix nationale ? Vous ne prétendez sans doute pas, M. le baron, exiger du gouvernement qu'il accorde, sous prétexte d'apaisement, toute licence aux perturbateurs et qu'il soit à votre égard le gouvernement du laisser-faire. Ou alors réclamez la suppression des gendarmes et pour MM. les voleurs la liberté des grands chemins.

« Vous n'osez parler, dites-vous, de la politique extérieure de la République, tant elle est humiliante pour votre patriotisme; parlons-en au contraire. Un mot suffira d'ailleurs pour prouver que vous la calomniez et que la haine vous égare. Vous avez la mémoire courte, M. le baron; vous oubliez que la République a arraché aux mains de la monarchie impériale une France meurtrie de toutes parts et livrée à l'étranger par la capitulation de Sedan ; qu'elle lui a conservé l'honneur, si elle ne lui a pas donné la définitive victoire ; que depuis elle a pansé ses blessures qu'elle les a guéries, qu'elle a rendu à la grande nation française sa place entre les peuples, qu'elle a accru son domaine colonial ; qu'à défaut des chères provinces passées sous le joug étranger elle lui a annexé de lointains empires ; qu'enfin elle lui a assuré l'alliance d'un grand pays. Quand cette alliance fut conclue, vous n'osâtes pas protester contre le sentiment unanime du peuple français; vous fûtes entraîné par le courant populaire. Et qu'y a-t-il de changé aujourd'hui ? L'alliance, célébrée par vous-même comme un triomphe

pour la diplomatie républicaine, est-elle devenue moins étroite ? Le ministre des affaires étrangères ne déclarait-il pas, il y a huit jours à peine, que sur tous les points la France et la Russie sont d'accord et agissent de concert ?

« Pourriez-vous donc soutenir sans commettre la plus illogique des contradictions, sans offenser la vérité et blesser notre patriotisme que la République a humilié le drapeau de la France ?

« Il n'est pas plus exact qu'elle conduise le pays à la banqueroute. Vous affirmez toujours, vous ne prouvez jamais. Les paroles de votre monsieur de Lanjuinais ne sont que des paroles ; des chiffres vaudraient mieux ; le ministre des finances les lui a fournis et s'il n'a pas été satisfait, c'est qu'il n'a pas voulu l'être et qu'il a préféré se payer le facile plaisir, avec quelques révolutionnaires, de refuser le budget, c'est-à-dire l'argent pour notre armée, pour notre marine, pour nos écoles, pour permettre à la France de faire honneur à ses engagements. C'est ainsi que vous autres, nationalistes, vous comprenez votre devoir de Français ; je ne vous en fais pas mon compliment. Vous comptez pour rien l'œuvre de relèvement accomplie par la République depuis la guerre, l'indemnité payée à l'Allemagne, la reconstitution de nos forces militaires, la construction de voies ferrées sur tous les points du territoire, l'enseignement à tous ses degrés répandu au prix d'énormes sacrifices, l'unification budgétaire réalisée, les recettes normales couvrant toutes les dépenses, et dans celles-ci une somme d'environ cent millions pour l'amortissement de la dette, l'exercice de 1899 se soldant par un excédent de recettes, et enfin cette garantie que nos députés viennent de donner à la bonne gestion financière, en limitant leur initiative en ce qui concerne les dépenses.

« Ces choses sont de toute évidence ; mais la passion politique vous aveugle. Qu'importe ? La République, à laquelle vous portez un intérêt aussi inattendu, dont vous voulez vous faire le médecin et le sauveur, n'a que faire de vos soins et de votre sollicitude ; elle est bien vivante, je vous le jure, et si vous m'en croyez, Monsieur le baron, vous occuperez plus dignement vos loisirs en essayant, là, bien franchement, de faire un miracle et de ressusciter la monarchie. Mais il faudrait pour cela rejeter le masque dont vous vous affublez et jouer cartes sur table, et, moins que jamais, le peuple ne se laisserait tromper. »

CONCLUSION

Déclaration de M. Jules Lemaître

APOTRE DU NATIONALISME

« *Nous ne sommes ni monarchistes, ni même plébiscitaires. Nous sommes de fermes partisans de la République parlementaire.* »

Réponse des Monarchistes à M. Jules Lemaître

La *Gazette de France*, organe du pur monarchisme :

« *Dites tout ce que vous voudrez. Personne ne fait mieux que vous les affaires de la monarchie.* »

Le *Soleil*, organe du duc d'Orléans :

« *Tout ce qui se fait dans le sens du nationalisme se fait dans le sens de la royauté. Les royalistes n'ont dès lors qu'à s'employer au succès du nationalisme. Ils en ont le devoir.* »

Le nationalisme nous conduirait tout droit à la monarchie ou à la dictature : sur ce point, nous sommes d'accord avec les royalistes et les cléricaux.

Le meilleur résultat des élections sénatoriales, disions-nous au lendemain du scrutin, a été la facile victoire du général Mercier dans la Loire-Inférieure. Les républicains de bonne foi, égarés dans le nationalisme, peuvent-ils ne pas comprendre, après ce scandale, ce que veulent ses chefs, l'hypocrisie de leur tactique, le caractère charlatanesque, il faudrait dire plutôt sacrilège, de leur exploitation du patriotisme. Nous ne le redirons jamais assez ; en acceptant d'être le candidat officiel des monarchistes et des cléricaux, c'est-à-dire des pires ennemis de la République, le chef reconnu de la coalition a dessillé les yeux de tous ceux qui, de propos délibéré, ne se sont pas détournés pour ne pas voir. Et maintenant le devoir républicain se résume pour nous en cette brève formule : Le nationalisme et la réaction, le nationalisme et la révolution, c'est tout un ; le nationalisme, voilà l'ennemi !

Les événements qui se précipitent le démontrent sans réplique. Enivrés par leur succès de Nantes, et malgré les honteuses défaites subies à Arras, au Mans, à Tarbes et ailleurs, les hommes qui préparent, à l'aide d'une manœuvre équivoque, le suprême assaut contre la République, perdent toute retenue. Des pourparlers s'engagent entre ces prétendus républicains et les représentants du duc d'Orléans et du prince Victor ; des traités se signent que l'on ne songe plus à cacher, dont M. François Coppée se fait même gloire et qu'il exhibe comme un gage du triomphe prochain et tout le monde sait aujourd'hui qu'aux termes d'une alliance électorale, dont les conditions ont été discutées et définitivement arrêtées, royalistes, césariens et cléricaux marcheront désormais sous la même bannière.

Ce n'est pas une hypothèse, c'est une réalité, la ligue de la Patrie française a fusionné ouvertement avec les armées du roi et de l'empereur, les organes des prétendants le proclament sous forme d'ordres du jour. La bataille va commencer, les candidats qui l'affronteront sont désignés, et déjà ils prétendent que demain, Paris et la France seront à eux.

Ils se trompent. Ni Paris ni la France ne se livreront à ces faux bonshommes, à ces mauvais citoyens qui ont commis l'imprudence de parler trop tôt et de démasquer leurs batteries avant l'heure. Ils auront beau arborer la cocarde nationale, le peuple saura bien les reconnaître.

L'illusion n'est possible aujourd'hui pour personne ; à Paris comme dans les moindres communes, l'étiquette nationaliste devra suffire et suffira pour apprécier le républicanisme des candidats qui l'accepteront et il faudrait, en vérité, nier le bon sens populaire pour croire que ceux qui hier encore, portaient les couleurs de la monarchie et alimentaient les caisses des pères de la *Croix* parviendront à se faire prendre pour des démocrates et des libéraux sincères.

Le temps n'est plus où, moyennant des concessions mutuelles, réactionnaires et révolutionnaires pouvaient impunément s'entendre et signer des pactes ; les électeurs qui avaient donné leurs voix à des républicains marchant avec les monarchistes la main dans la main pour assurer leur élection à tel ou tel mandat, ont compris leur faute et ne la commettront plus. Aujourd'hui, on est pour ou contre la République : pour, avec les républicains de toutes nuances ; contre, avec la coalition nationaliste dont Lemaître, Coppée et Mercier ont pris en mains le drapeau.

JACQUES RURAL

Qu'est-ce que le " Paysan de France " ?

Avant tout, le *Paysan de France* se propose de dire au Peuple la vérité, rien que la vérité : il estime que la République n'est pas simplement une étiquette, mais qu'elle est un principe, ou plutôt un ensemble de principes ; que, bien comprise et bien gouvernée, elle est le plus libéral, le plus juste et le plus humain de tous les gouvernements, c'est-à-dire le meilleur, et que le Progrès étant son essence même, elle doit chercher à être toujours plus libérale, toujours plus juste, toujours plus humaine.

Voilà l'idée fondamentale qui a toujours inspiré la rédaction du *Paysan de France*. Pour la faire pénétrer dans l'esprit de ses lecteurs des campagnes, il emploie un moyen qui doit lui ouvrir toutes les portes, il donne aux ruraux, non seulement un journal complet au point de vue des faits, des informations de tous genres et de la lecture proprement dite, mais aussi et surtout il leur fournit en abondance les indications agricoles qui leur sont indispensables : conseils pratiques, procédés de culture, marchés, etc., etc.

Le *Paysan de France* est

Le plus Complet des Journaux hebdomadaires

Il constitue un journal complet, le plus complet, croyons nous, de tous les journaux de cette périodicité.

Chaque semaine, en effet, il consacre :

1. Près d'une page à la politique, au compte rendu des Chambres et des faits importants de l'intérieur et de l'étranger;
2. Plusieurs colonnes aux questions agricoles traitées pratiquement;
3. Un double rez-de-chaussée, en deuxième et troisième page, à des romans populaires : il publie en ce moment des œuvres des romanciers célèbres : Xavier de Montépin et Mahalin ;
4. Le reste du journal aux faits divers, aux conseils pratiques. aux théâtres, aux sports, aux variétés instructives et amusantes, aux nouvelles des départements, aux « marchés ».

Le *Paysan de France* ne donne pas seulement le cours des marchés de Paris, céréales, huiles, alcools, fourrages, chevaux, etc., IL DONNE CEUX DES PRINCIPAUX MARCHÉS DES DÉPARTEMENTS.

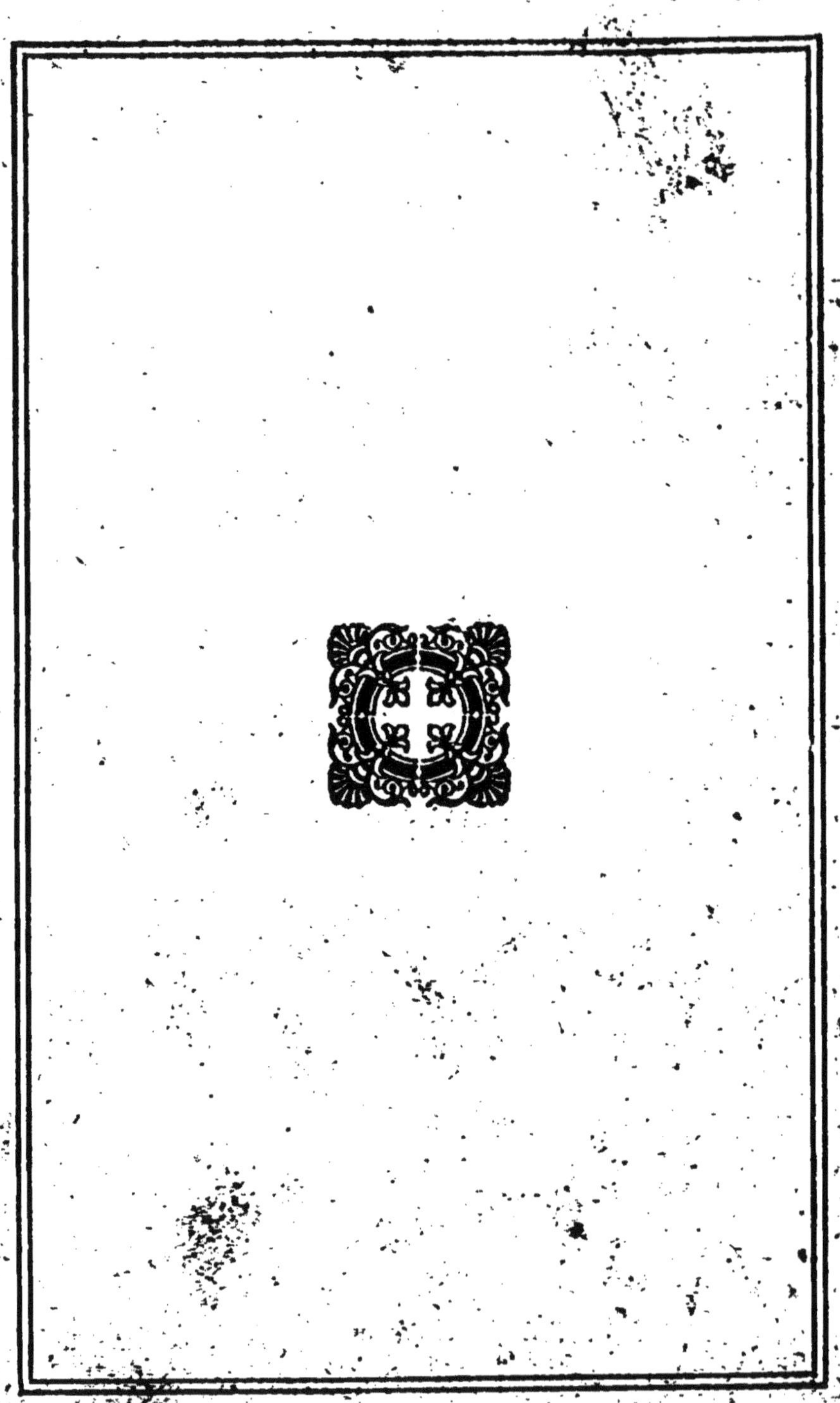

www.ingramcontent.com/pod-product-compliance
Ingram Content Group UK Ltd.
Pitfield, Milton Keynes, MK11 3LW, UK
UKHW020457230726
13925UKWH00005B/1986